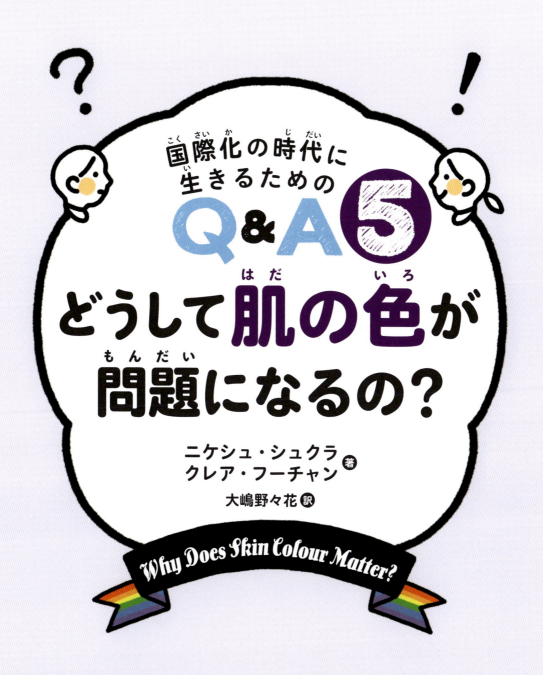

What is race? Who are racists? Why does skin colour matter? And other big questions
by Claire Heuchan and Nikesh Shukla

Text Copyright © Claire Heuchan and Nikesh Shukla, 2018
Japanese translation rights arranged with HODDER AND STOUGHTON LIMITED on behalf of Wayland, a division of Hachette Children's Group through Japan UNI Agency, Inc., Tokyo

目次

人種ってなに？	4
人種差別主義者ってどういう人のこと？	6
わたしの体験：クレア・フーチャン	8
わたしの体験：ニケシュ・シュクラ	10
どうして肌の色が問題になるの？	12
わたしの体験：デレク・オウス	14
歴史の中の人種と人種差別	16
わたしの体験：イヌア・エラムズ	18
わたし達の社会は、昔と比べてどれくらい良くなったでしょうか？	20
スティーブン・ローレンスの殺害	21
わたしの体験：アシム・チョードリー	23
肌の色とステレオタイプ（固定観念）	26
わたしの体験：ウェイ・ミン・カム	28
わたしの体験：ベッキー・オラニイ	30
人種と多様性の表象	32
わたしの体験：ネイディーン・アイシャ・ジャサット	34
人種と権利	36
わたしの体験：チトラ・ラマスワミー	38
人種差別を受けたらどう感じるでしょう？	40
どうやったら人種差別に立ち向かえるでしょう？	42
人種差別の習慣を捨てること	44
あなたの意見を教えてください	45
用語集・索引	46,47

色付きの文字の説明は46-47ページにあります。
黄色いマーカーの言葉の説明は欄外の※にあります。
また、※は編集部による注です。

人種ってなに？

人種という言葉にはさまざまな話題がつきものですが、実際のところ、人種そのものの意味は、とても単純です。人種とは、同じ祖先を持ち、肌の色や髪質などの身体の特徴が共通している人々のことです。人種を科学的な事実として考える人もいますが、共通のアイデンティティと文化に意味を与えるための、一種の社会的なアイデンティティだととらえる人もいます。いずれにしても、人種は今や、深く学ぶ価値が十分にある、重要なカテゴリーとなっています。

人種と肌の色が目ではっきりと見て取れるのに、普段から人種差別の問題が隠され、目に見えなくされているのは、とてもきみょうなことです。大体の場合、人種は取り上げにくい話題です。ほとんどの人はとても幼い頃から、人種について話すことは人種差別的だと刷り込まれて育っています。祖先がどこから来たのかという背景、そしてそのちがい（差異とも言います）に触れることでさえ、人種差別の一種だと教えられるのです。ですが、そう考えることは正しくありません。人種について話すことが、自動的に人種差別に繋がるわけではありません。

人種について話すこと

事態をこじらせているのは、人種について話すことが差別的だから良くないとされる一方で、人種差別的な発言や行動は、普段から無害なものとして扱われがちだ、ということでしょう。例えば白人の女性が、黒人の女性の髪に勝手に触ったとします。これが差別的でないと主張する人は、黒人女性の髪を褒めているだけだとか、ただその美しさを鑑賞しているだけだとか言います。ですが、そう言う人たちは、黒人の女性をふれあい動物園の生き物のように扱うのが失礼であることや、黒人の女性の意思を無視するのが有害であるということには、ほとんど触れません。

「もともとはどこから来たんですか？」

それから、「もともとはどこから来たんですか？」という定番の質問もあります。この質問が人種差別的ではないと主張する人は、単に好奇心から聞いているだけだ、相手の家系について強い興味があるだけだ、または、聞いたって害はないだろう、などと言います。でも、実際には、全く親しくなくて、答えの予想すらついていないと思われるような赤の他人による「どこからいらしたんですか？ え、実際にはどこから

いらしているんですか？ それで、ご両親はどこからいらしたんですか？」という一連の質問になりがちです。これらの質問からは、ほんとうにその人が聞きたいのは、「白人じゃないのに、なんでここにいるの？」ということだとわかるでしょう。

ちがいについて話し合うこと

問題なのは、ちがいそのものではなくちがいの扱い方です。特にそのちがいが人種と絡んでくる場合、やっかいになりがちです。人種という話題は、その話がどういう方向に向かうのか不安がる人——特に白人——にとって、避けたい話であることがあります。白人は、心の中に「もし**人種差別主義者（レイシスト）**と言われてしまったらどうしよう」という、不安を抱えているのです。この不安は、人種に関する議論の多くに影響を与えます。人種は、扱うには繊細すぎるか、近づくには危険すぎるものとして扱われます。そのため、会話の中で人種を持ち出すことは簡単ではないのです。

体験を共有すること

この本は、人種という話題を取り囲んでいる不安を乗り越え、実際にどうして人種が問題になるのか、という質問に答えることを目指します。人種差別がどういうものか、またそもそもなぜ人種差別が存在するのかについても説明します。あなたがた読者が、人種差別がどういうしくみで起きるのか、そしてそれに立ち向かうためになにができるのかについて理解できるように、「考えてみよう」というコラムもあります。**有色人**の人々も、あなたが人種差別と（危なくない場合には）闘ってくれること、そしてちがいを認め合うことを願って、人種に関する体験を共有してくれています。差別的な言葉を向けられた体験も含まれているのは、言葉がどのようにして武器として使われているかを知らずに、人種差別によって起きる問題の根っこにたどり着くことはできないからです。人種について深く学ぼうとすることは、必ずしも簡単なことではありませんが、とても大事なことです。

> "わたし達を分かつものは、ちがいそのものではない。わたし達がそのちがいを認識し、受け入れ、そしてその価値を認め合うことができないことこそが、問題なのだ"
>
> オードリー・ロード（活動家・作家）

※黒人やアジア人といった白人以外の人々。「肌の色を理由に人種差別された経験を共有していることで連帯できる人々のまとまり」というニュアンスがある。

人種差別主義者ってどういう人のこと？

ある人が自分の人種差別的な面について指摘されて、それをうまく受け入れることができるとはかぎりません。間違った言動をした、ということを後ろめたく感じ、それを指摘されたことをきまりが悪いと思うことがあるのです。そのせいで、その差別的な行動をした人は、なんで自分の行動が差別的だったのか、またどうすればそれを変えられるか、ということを考え始めるのではなく、むきになって反発するのです。人種差別主義者（レイシスト）と呼ばれることを自分自身への攻撃としてしか受け取らない人も多くいます。そういう人は、社会には人種差別が可能になるしくみがあって、自分の行動もその一部であるのだという、人種差別をもたらす力関係にまでは、考えが及ばないのです。

人種差別に気づいていても、誰かが人種差別主義者であるとほのめかしたくないばかりに、指摘するのをためらう人もいます。きみょうなことではありますが、人（特に白人）によっては、人種差別の存在そのものよりも、誰かが人種差別主義者と呼ばれることについて、気を悪くしたりします。たとえ人種差別があっても人種差別主義者だと言われる人はいない、という妙な状況ができあがるのです。

でも、人種差別は人種差別主義者によって生み出されるものですから、将来、わたし達の社会に組み込まれた人種差別のしくみをこわしていきたいと思うのであれば、そのしくみを支えている人を指摘できるようにしなければなりません。

きみょうな状況

人種差別がどういうものかについて混乱する人がいる理由の一部は、人種差別がはっきりとは見えないようにされていて、言い訳で片付けられがちであることです。そんなことが起きるのは、人種差別的な発言や行動をした人（典型的には白人ですが）にとって、人種差別があったことを認めるのは、気まずいことがあるからです。ここから、誰の気持ちも傷付かないように、たとえ人種差別があってもそれを人種差別と呼ぶべきではない、という意見が生まれます。でも、人種差別があったことは、誰かの気持ちがすでに傷付いているからこそ、話題にしなければならないのです。有色人の人々にとっては、人種差別を経験するこ

と自体がすでにつらいことなのですから。それに、人種差別は、つらいという以上に、有色人の人々を社会的に不利な立場に追いやるものなのです。

偏見と権力と特権

　人種差別には、「偏見と権力」が強く結び付いています。白人が有色人の人を差別した場合、その白人は偏見を持っています。しかも、決定的なことに、そのやりとりをする時、白人は社会の中でより優位な立場にあると言えます。

　白人であることには、一定の特権がついてくるものです。これは、白人は全く悩んだり、困難に直面したりしない、ということではありません。でも、白人は、肌が白いということ、または肌の白い人について人々が抱くイメージによって、傷付けられるということはありません。白人は、肌の色によっていろいろなことをするチャンスが限られてしまうかどうか心配する必要はありません。また、実は肌の色のおかげでチャンスが広がっているということに必ずしも気づかないものです。でも、このことこそが白人の特権なのです。

どんなに裕福であり、有名であり、地位が高かったとしても、それが有色人の人を人種差別から守ってくれるわけではありません。人種差別をないもののように扱うほうがより簡単な選択肢のように思えるかもしれませんが、それで人種差別がなかったことになるわけではありません。もし人種差別について話すことができなければ、人種差別を認識することもできません。人種差別を認識できなければ、人種差別に立ち向かうこともできません。人種差別に立ち向かうことができなければ、わたし達の暮らしや、わたし達が生きる社会は、絶対に良い方向に進むことはないでしょう。

バラク・オバマは、アメリカ合衆国の大統領に当選した時、世界中で最も力を持った男性の1人になりました。それでもオバマは、彼の肌の色と祖先がケニア出身であることに対する偏見のせいで、人種差別的な扱いを受けたり、殺害の脅迫を受けたりしました。その次の大統領となったドナルド・トランプは、オバマがアメリカ人であることを信じようとせず、オバマに出生証明書を見せることさえ要求しました。

考えてみよう

あなたは人種差別を体験したことはありますか？　あなたの身の回りの人はどうでしょうか？

わたしの体験

クレア・フーチャン

クレア・フーチャンは、作家であり、賞をもらったことのあるフェミニストのブロガーでもあります。フーチャンは普段、インターネット上で社会の不平等について議論するのに（それと動物の赤ちゃんの写真を見るのに）とても多くの時間を使います。

わたしは黒人として育ちました。それ自体はまあ、地球上の何百万もの人と同じですから、普通のことです。普通ではなかったのは、自分以外は全員白人の家庭の中の唯一の黒人として育ったことです。子ども時代は、とても幸運なことに、いつも愛で包み込まれていました。お母さんが毎週連れていってくれた図書館での冒険や、休暇中に祖父母といっしょにプールへ行ったこと、初めてのペット（ローズという名前の、ぽっちゃりとしたかわいいハムスターでした）を買ってもらった時のことなど、子どもの頃の幸せな記憶がたくさんあります。でも、自分以外の家族全員と、友達のほとんどと肌の色が違うことは、寂しいことでした。彼らの経験は、何百もの小さな点で、またいくつかの大きな点で、わたしの経験することと違っていたのです。

家族はわたしをとても愛してくれていましたが、それでも、わたしを守り切ることはできないこともありました。子どもの頃から、わたしには起きても白人の子どもには起きない、気まずい、つらい瞬間があることがわかっていました。そして、それがわたしの肌の色と髪質になにか関係があるのだということにも、気づいていました。

ときどき、大人の人に、あなたはもともとはどこから来たの、と聞かれることがありました。わたしは生まれた時からスコットランドに住んでいたのですが、そう答えると、質問をした人は、わたしが「ばれちゃったか……実は、もともとは火星から来たんですよ」と言ったのと同じくらい驚くものでした。誰も、母がどこから来たのかについては興味を持ちませんでしたし、もちろん「ここに来る前」どこにいたのかも、母には聞くことはありませんでした。わたしはこういう瞬間が大嫌いで、その質問が来るたびに、胃がぎゅっとつかまれるように感じました。

ある知人が「ところで……あなたはどこからいらしてるんですか？」と尋ねてきました。

「グラスゴーの近くからです。ここには祖父母といっしょに来たんですよ」と答えます。

「いや、そうじゃなくて……どこにお住まいなんですか？」

わたしは、生まれた時から祖父母といっしょに住んでいる、小さなスコットランドの町の名前を挙げ、それがどこにあるのかも教えましたが、この略歴だけではその人は満足しませんでした。

「でも……」と、知人は眉をひそめました。「なら、それはどこからもらってきたんです？」

「それ」というのは、汚れでもあざでもなんでもなく、わたしの茶色で少し骨張った手首で、普段と変わりありません。わたしは、その知人が指摘している欠陥とはわたしの肌のことなのだと、ふいに気づきました。

警備員も、わたしの家族には注意を払わないのに、わたしだけには興味を持つのでした。空港では、皆が先に進んでいくのに、わたしだけが止められることがありました。家族は、誰かがわたしの身体検査をするのを待つために立ち止まり、旅行について興奮していた心には、恥ずかしいという気持ちが暗雲のように覆いかぶさっていくのでした。

美容師さんたちが、わたしの髪を切る役を押しつけ合い、もし髪がストレートだったらもっとかわいいのに、などと言っている間、自分の殻の中に閉じこもっていたものでした。ある親のグループがわたしのことを「あの明るい有色人の子」と呼んでいると知った時は、ショックでした。遊び場ではもっとひどい名前で呼ばれたこともありましたが、なんでか、大人ならもっと分別があるだろうと思っていたのです。100歳まで生きたとしても、ある男の子がわたしの肌の色がウンチと同じだと言い放った時の深い屈辱感は、忘れられないでしょう。

子ども時代、そういった、今なら人種差別的だと指摘できるような言動に対して、一度も立ち向かったことはありませんでした。そうしようとするたび、怒りと悲しみの混ざった不安定な感情をあふれださせずには言葉にできないような、不安な気持ちになったからです。もしわたしがいけないことをしたら黒人の子どもは皆行儀が悪いと思われるから、お行儀よくふるまわないと、と考えていました。その時でさえ、白人の子どもは誰も、白人全員を代表する小さな大使のようにふるまうことを期待されていないことに気づいていました。白人の子どもは自分らしくふるまってよく、ときどきお行儀悪くても大丈夫なのでした。

家族は、人種差別についてわたしにどう説明していいか、わかっていませんでした。おそらく、多くの白人と同じように、人種差別を受けて傷付いたことがなかったので、それについてあまり考えたことがなかったのでしょう。それに、わたしも、家族が全く経験したことのない事柄について説明する力がありませんでした。わたし達はとても仲のいい家族でしたが、それでも、自分が生きている世界と残りの家族の生きている世界は全く違うように感じていました。

> 子どもの頃から、わたしには起きても白人の子どもには起きない、気まずい、つらい瞬間があることがわかっていました

わたしの体験

ニケシュ・シュクラ

ニケシュ・シュクラはフィクション、エッセイ、テレビ番組の原稿、『オブザーバー』紙の週刊コラムの執筆者です。有色人の人々による雑誌や出版業界での人種の多様性を推進する団体にも関わっています。

17歳のぼくは、商店街のほうへ自転車をこいでいました。ちょうど、大通りの横断歩道まで来たところです。行く先には誰も見えなかったので、道路に自転車を進めました。と、自転車に車がぶつかってきて、ぼくは路面に転がりました。

車は急ブレーキをかけて止まり、運転手が被害を把握するために降りてきました。事故の目撃者は、ぼくが大丈夫か確かめに駆け寄りました。ぼくは、無事でしたが、傷だらけで、とてもおびえていました。周りの人に手伝ってもらって、なんとか立ち上がることができました。運転手の女性は、自分の車のフロントをながめ、傷がないことを確かめながら、「おい、そこののろまのパキ、車が見えてなかったのか？ 次は止まらないかもしれないからね。ちゃんと気を付けておきな」と言いました。女性は車に乗り込むと、猛スピードで走り去りました。

ぼくは自転車を押して帰りました。車輪が曲がっていて、乗れなかったのです。普段は10分の道のりに、1時間かかりました。ぼくは震えていました。寒かったのです。

その夜は眠ることができませんでした。さっきの言葉が繰り返し聞こえるのです。「のろまのパキ」と。

それまで、この言葉が人をののしるために使われるのを聞いたことがありませんでした。現実世界では聞きませんでしたし、聞いたとしても冗談のように使われるものでした。

「のろまのパキ」

その言葉は、ぼくといとこ達が使う時とは、なにか違う意味合いを持っていました。ぼく達が使う時は、なんでだか、無害でおもしろい言葉だったのです。でも今や、そうとはとても感じられなくなってしまいました。

ぼくは、自分が「パキ」なのだと感じ始めました。ぼくの体は、「パキっぽい」と思うものすべてを拒絶しました。バングラ・ダンスの音は騒々しく聞こえ、身を縮こめたくなりました。ボリウッド映画は長ったらしくて、芝居がかりすぎているように見えます。グジャラート語は、恥ずかしい原始的な言葉のように思えました。

じきに新しい自転車を買えるくらいお金を貯めましたが、父さんに買い物に誘われても、断りました。また自転車に乗るのはとうてい無理なことに思えたのです。

※パキスタン、インド、アフガニスタン、バングラデシュなどの南アジア人に対する侮蔑語のこと。

出かけよう、映画を観よう、ボーリングをしよう、繁華街のレコード屋に行こう、という誘いも、全部断りました。

母さんがいつ迎えに来てくれるか確かめたくて、学校から電話をする口実をいくつもでっち上げ始めました。10分以上待たなければいけないとわかると、冷や汗が吹き出してきました。友達は電車で帰っていましたが、それは無防備すぎると感じました。

ぼくはその後土曜日のアルバイトを始め、それのおかげで自信を取り戻し始めました。以前のように、1人でバスや電車にも乗れるようになりました。両親に迎えに来てもらわずに道を歩いても平気だと感じられるようになりました。でも、ある日、レジで働いていた時……。1人の男性がレジに近づいてきて、ぼくのほうを見ました。男性はぼくを見て、列から抜けました。ぼくは、その男性に、「なにかお困りですか？ お手伝いしましょうか？」と話しかけました。

男性は首を振り、「あっちの店員を待つよ」と言いました。

「ぼくでもお手伝いできますよ」と男性に伝えると、「いや、英語を話せる人がいいんだ」と男性は断固として言いました。

ぼくは男性が言わんとしていることを理解できず、おろかにもこう言い張りました。

「ぼくは英語が話せますよ。ここで生まれたんですから」

そして、男性に微笑みかけました。

男性は、「それだけで英国人になれたとは思うなよ、クソ野郎が」と吐き捨てました。

男性は、ゲームボーイのソフトをぼくの横の台に置くと、首を振って出て行きました。

その何年も後、ぼくはお笑いライブをやっているバーで、夜遅くのパフォーマンスを観ようと友人と列に並んでいました。

列から一瞬離れて戻った時、背後で誰かがその彼氏にささやくのが聞こえたのです。

「見て、あのパキ、列に割り込んできた」

ぼくは、「ぼくのことをなんて言いました？」と、大声で聞きました。

「え？」とその女性は言いました。

女性はすぐに身構えて、腕組みをしました。

彼氏は、ぼくのほうへ身を乗り出してきて、うわべだけ親しそうな口調で「あんた、なんて言われたと思ったかは知らないけどな」と言いかけました。

ぼくは無視して「あなた、ぼくのことをパキって言いましたね？ 聞こえましたよ」と言いました。女性は、ため息をつきました。

そのさらに何年か後、ツイッターの匿名の荒らし屋に政治についての意見が違うから火を点けてやると脅された時にも、そう呼ばれたことがありました。ぼくが友人たちに愚痴をこぼすと、誰かに、気にするな、ただの馬鹿が1人いただけだろ、とたしなめられました。たった1回きりのことだ、じきにおさまる、と、その人は確信をもって言いました。ぼくは黙ってその友人を見ましたが、そこで、彼には、こうやって使われるたった1つの言葉が誰かの人生を変えてしまうことについて、理解ができていないのだと気づきました。そして、その変化が、決して良いものではないということも。

> "こうやって使われるたった1つの言葉が誰かの人生を変えてしまうことについて、理解ができていないのだと気づきました"

どうして肌の色が問題になるの？

もしかしたら、なにもかもが完璧な世界であれば、肌の色なんて問題にならない、と言えるかもしれません。でも今のこの世界では、肌の色は大事なのです。お互い共通に持っているものを認め合うのと同じくらい、ちがう部分を認め合うことも大切なのです。ですから、少なくとも今のところは、肌の色は問題になるのです。

極端な差別から日常的な差別まで

人種差別には、いろいろな段階があるものです。一方には、「怖かったから」という理由で武器も持っていない10代の黒人の子を殺してしまうことや、リンチ、奴隷制、白人至上主義などの、身の毛もよだつような差別があります。そしてもう一方には、自分が人種差別主義者（レイシスト）だと認識しているとはかぎらないような人による人種差別的な言動という、もっと日常的なものがあります。

この場合、日常的な人種差別のほうは冗談や感想、つまり特に深刻でないものとして片付けられてしまいます。でも、人とちがうことは問題で、白人でなければ普通じゃない、という雰囲気を増長させてしまい、肌の色が異なることにネガティブな意味を与えてしまうという面で、日常的な差別も深刻なものなのです。

「普通」ってなんでしょう？

例えば、誰かが「わたしは人種差別主義者じゃないし、そもそも肌の色なんて見えてないもの」などと言ったとしたら、馬鹿な発言に感じられるでしょう。だって、肌の色は目に見えるのですから。ここでその人が言わんとしていることは、「わたしはあなたを、あなたの肌の色に応じて扱ったりしません。わたしはあなたを普通の人間として扱うことにします」ということです。それ自体は一見、良さそうなのですが、一体なにが普通で、普遍的で、標準的なのかについて考え始めると、そう良い態度とは思えなくなってくるでしょう。

肌の色は、これが普通の色だ、という考えが存在するからこそ、問題になってくるのです。肌の色のちがいや、わたし達と異なる背景を持つ人とのちがいを認め合うことができれば、これが普通だ、とはっきり言えるものはたぶんないのだ、ということがわかってくるでしょう。

移民の影響

確かに、かつて英国は、多くの国からの影響を受けて作り上げられた白人の国でし

※北アメリカでかつておこなわれていた、黒人を殺すことを目的とする公開処刑の一種。

> ある暖かい秋の日、……学校友達といっしょに座っていたのをはっきりと覚えています。わたしは14歳でした。女の子の1人がわたしを見て、ほんの少し同情をにじませた口調で、こう言ったのです。「アフ、心配しないで。わたし達はあなたのことを黒人だと思ってないから」と。他のみんなも同意しました。
> わたしは、その子達の顔を覚えています。その表情は親切で、寛容で、人種差別主義者だと訴えられるような可能性から距離を置いていることに誇りを持っていました。そして同時に、わたしの存在そのものが生み出している問題を大目に見てやろうという気持ちがありました。この思いやりに満ちた行動は、わたしが経験したうちで最もショッキングなできごとでした。その子達の行動は、わたしに、黒人でいることは良くないことなのだと刻み付けたのです

アフア・ハーシュ（作家・テレビ出演者）

た。英国は何世紀もの間、さまざまな場所から来た移民を受け入れてきました。ケルト人の後にはローマ人が続き、その後にはアングル人、ジュート人、サクソン人、デーン人、ノルウェー人、ノルマン人、ブルトン人とフランス人がやってきました。それから大英帝国ができて、奴隷制や商売の結果、さらに世界中から人がやってくることになりました。そして、カリブ、南アジアとアフリカのいくつかの国から移民がやってきて、今日の、人種と文化が多様なすばらしい国ができ上がったのです。

この国は、多くの人によって作り上げられたものであるのと同時に、多くの人のために作り上げられた国です。そして、わたし達の間のちがいは、共通点と同じくらい重要です。ですから、肌の色は、やはり大事なのです。

英国人のカレー好きは、カレーを英国で最初に提供したレストランから始まりました。このレストランとは、ヒンドゥースタン・コーヒーハウスという名前のロンドンにあったレストランで、1810年にセイク・ディーン・マホメッドというイスラム教徒の兵士によって創立されたものでした。

わたしの体験

デレク・オウス

デレク・オウスは「モーストリー・リット」という、iTunesの最も優秀なポッドキャストの一つに選ばれ、またBBCカルチャーの「25の度肝を抜くポッドキャストランキング」にも選出されたポッドキャストのホストです。オウスは、人々に良い刺激を与え、また教材ともなるような、黒人の英国人による、黒人の英国人のためのエッセイ集を編集中です。

子どもの頃のぼくは、ひどく場違いに見えたに違いありません。ぼくは子どもの時サフォーク州のロング・メルフォードに住んでいて、全員が白人の家と村で暮らす、何人もの養子の1人でした。誰も、そのことについてなにも言いませんでした。誰も、ぼくの肌の色のちがいについて認めようとしませんでした。でもぼくには、英国式の礼儀正しさと偽物の笑顔の裏には、あの、一見偏見がないように思える、「わたしはあなたのことを黒人だと思っていない。あなたは他のみんなと全く同じだ」という考えがあるのがわかりました。でも、残念なことに、サフォーク州では「他のみんな」は白人で、ぼくはそうではないのでした。

学校では、一番の親友だったスティーブン（スティーヴィーというのが彼のあだ名でした）が、ぼくのボクシングの練習相手でした。スティーヴィーは、ぼくが背中に一発入れるたびに、気管支炎を患った老人のように笑って咳込んだものでした。でも、スティーヴィーは絶対に泣かないで、ぼくが彼にどんなに痛い思いをさせても、必ず笑ってやり過ごすのでした。一方でぼくは、いつも泣いていました。スティーヴィーはぼくより強くて、しかもそのことをよくわかっていました。彼にとってぼくは、力試しにうってつけで、傷付けても後悔しないような、壊してもいいおもちゃみたいなものでした。スティーヴィーは、荒っぽい殴り合いをした次の日、学校に来るとぼくの付けたあざをいつも見せてくれるので、ぼくはそれを誇りに思っていました。ぼくは必ず彼に負けてしまうのに、ぼくの体にはそんな痕は残らなかったからです。

でも、しばらくすると、スティーヴィーの体のあざは、別の意味を持ち始めました。彼は冒険家として、そしてすべての困難に打ち勝った戦士として見られるようになったのです。他の子ども達は、スティーヴィーの肌を見て、そこにある輪郭のぼんやりとした紫の輪に感心しました。ぼくはそれをうらやましく思いました。それで、スティーヴィーからいつもより多くのパンチを受け

るようにしました。次の日にはぼくも戦傷を見せびらかすことができるのであれば、痛みもがまんする価値があるというものです。

でも、そんなことは起きてくれませんでした。どんなに激しく打たれたとしても、ぼくの肌にはどんな痕も残りませんでした。ぼくは、酷く殴られた次の日の朝、両腕を見て、一体どうなっているんだろうと不思議に思い、混乱したものです。しばらくして、ぼくはスティーヴィーと殴り合いをするのをやめて、他の子ども達がけんかしながら絆を築いていくのを、遊び場のベンチから見物するようになりました。この、人と自分が違うのだという気持ちと孤独感は、ずっとぼくの心から離れませんでした。

でも、それから、ぼくの孤独をほんの少し和らげるようなことが起きたのです。

その人を最初にテレビで見かけた時のことは、よく覚えています。彼の縮れた髪は、きちっと一列になるように剃り込まれていて、カールがかかっているのもわからないくらい濃い色でしたが、それでもその柔らかさが想像できました。彼の太くて黒い両腕は、肌がきゅっと引き締まってなめらかで、まるで筋肉がそこから破裂して飛び出すところのように見えました。金の鎖が何本も首の周りに無造作にかけられていましたが、彼はその重みを感じていないようでした。彼は堂々として、胸を張っていました。ミスター・Tを初めて見た時、ぼくは、自分がなに者なのか、そして自分の持つ可能性について、突然理解しました。なぜなら、ぼくは彼と同じだったからです。彼より若くはありましたが、成長した時には彼のような、いかつくて肌の黒い男になることを楽しみにできるようになりました。

ぼくは、あざができないことを気にしな

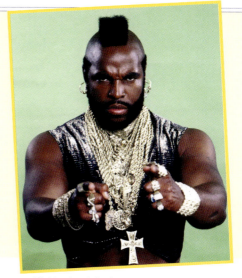

テレビ番組『特攻野郎Aチーム』のミスター・T

くなりました。可能性に満ちたぼくの体は、あざができるには強すぎるのでしょう。そして彼の髪型を見れば、ぼくの髪はそれと同じようにできても、学校の友達は誰もまねできないだろうとわかりました。その時ぼくは、この世界には、あざができる人間とできない人間などの、いろいろな種類の人がいることを知ったのです。ミスター・Tとぼくは、あざができない種類の人間だったのでした。ぼく達は、違う種類の人間だったのです。そして、ぼくはその時初めて、他のみんなとのちがいが、共通点よりも大切だと感じることができました。

次の日学校に行った時、ぼくは闘志満々でした。世界中を相手にけんかすることだってできたでしょう。誰も、あのミスター・Tを止めることなんてできっこないのですから。

> "ぼくはその時初めて、他のみんなとのちがいが、共通点よりも大切だと感じることができたのです"

歴史の中の人種と人種差別

英国の人種に関する歴史は、長くて複雑なものです。一般的には、有色人の人々が英国の暮らしの一部になったのはごく最近であり、200年前までは英国には白人しか住んでいなかったのだと信じられています。

間違った思い込み

この、昔の英国には白人しかいなかったという思い込みは、歴史ものの映画に白人しか登場しないこと、学校での歴史の教えられ方、そして英国人であるというのは白人であることだ、という思い込みによって形作られたものです。実際には、第二次世界大戦後に**ウィンドラッシュ世代**の移民がやってくる前まで、英国は完全に白人の国だった、という考えは、間違っています。なぜ間違っているのかと言うと、これが事実と異なっているからで、しかも、英国人というくくりから有色人の人々を除外するのは人種**差別**だからです。

有色人の人々は、何千年も前から英国の島々に住んでいました。わたし達有色人は、ローマ人がブリテン島に足を踏み入れる前から、そしてそれより昔のイエス・キリストが生まれる前でさえも、英国の一部だったのです。ですが、ときどき、誰もが白人である国という、存在したことのない英国を夢想したがる人がいます。1558年から1603年の間英国を統治した女王エリザベス一世も、そんな国を夢見ていた人の1人でした。今から約500年前、女王は「この国にはすでに黒人がいすぎる」と言って、ロンドン市長にすべての黒人を国外に追いやる法律を作らせようとしました。この試みは、失敗しました。

1948年、エンパイア・ウィンドラッシュ号に乗ったジャマイカの人々が英国に到着しました。

※戦後の労働需要に応えて1948年から1971年までの間に英国へ移住したカリブ系の移民のことを総称して言う。

搾取の上に築かれた帝国

　エリザベス女王は可能なかぎり白人の多い国を望みましたが、英国が世界をまたぐ帝国を築き始めたのも、彼女の治世下のことでした。英国商人は奴隷貿易に参加して裕福になり、アフリカの人々を物のように買ったり売ったりしました。英国商人は砂糖、タバコ、そしてラム酒の取引でも巨万の富を築きましたが、これらの商品も、奴隷の労働によって作られたものでした。

　英国の歴史から有色人の人々の存在を消し去ってしまうことは、今日の人種間の問題の最も根源的な要素を隠してしまうことに繋がります。大英帝国は、有色人の人々への暴力的な搾取によって成長した国でした。この帝国は、ジブラルタル、バミューダ、そしてカリブの島々など、世界中にその入植地を築き、そこでは英国人将校が先住民の人々を支配し、帝国の国益のために彼らの土地から貴重な天然資源を奪ったのです。奴隷制と植民地主義は、大英帝国とわたし達有色人を繋ぎ、さらに多くの有色人の人々をブリテン島へともたらしました。

移民への反対

　最近の歴史まで話を進めると、英国の政治家が有色人や移民の人々について演説をし、わたし達が英国社会への脅威だと主張し始めます。保守派議員イーノック・パウエルは、悪名高い1968年の「血の川」演説で、有色人の移民の数が増えれば、ひどい暴力事件が起きるようになるだろう、と主張しました。イギリス独立党の元党首ナイジェル・ファラージも、英国の欧州連合（EU）からの離脱をかけた2016年の国民投票の時、この移民を恐れる感情を利用しました。ファラージは反移民政策の支持者で、彼の選挙運動では、一見しただけではそれとわからないような人種差別的な言葉や態度が利用されました。

　もし、英国の中のこのような事実を忘れてしまうなら、今日存在する人種差別のような問題がなぜ起きているのか、十分に理解できなくなってしまうでしょう。

1511年に制作された写本『ウェストミンスター・トーナメント・ロール』では、「黒人のトランペット奏者」ジョン・ブランクがヘンリー七世とヘンリー八世の宮廷にいるところが描かれています。

> 66 実にすべての黒人の人生は、それがどんなものであれ、黒人としての体験の一部だと言える。白人が大多数である国において黒人であるということには……困難と矛盾が付き物なのだ 99
>
> アンドレア・レヴィ（作家）

わたしの体験

イヌア・エラムズ

イヌア・エラムズは、詩人、劇作家、パフォーマーです。4冊の詩集を出し、初めての長編演劇の観劇券は、2度も売り切れたほどの人気でした。イヌアは特にアイデンティティ、運命、人種と場所をテーマにしています。

トーストを何枚かいただけませんか？

さて、2月はガールフレンドの誕生日でした。その日を祝うために、ロンドンという都会のジャングルから逃れよう！ 本物のジャングルへ行こう！ と考えたのです。いや、まあ実際には小さな森と、その真ん中にあるすてきなホテルに、ということですが。インターネットで探してみたところ、ほんとうにそんなホテルがあったのです！

1室予約しようととても興奮しながら電話をかけると、スタッフは、すごく混むからディナーもいっしょに押さえたほうがいい、と教えてくれました。写真ではレストランもとてもすてきで上品に見えたので、そうすることにしました。ですが、現地に着いた時、ホテルの支配人は学生食堂みたいな場所を指して、そこで食事をするように言いました。一体なんのために78ポンド（約15,000円）も払ったというのでしょう⁈

その夜、そこはとても寒い上に騒々しかったので、わたしとガールフレンドはマフラーを巻いて、話す時にどなり合わなければなりませんでした。でも、写真で見た、隣にあるホテルのレストランは暖かくて静かだったので、そこで食事できないか支配人に聞きました。支配人は、向こうは満席でわたし達が座る席はない、と言いました。わたし達は食堂に残りましたが、トイレを使うために席を立つたび、そのすてきなレストランをのぞき込むと、毎回、誰も座っていないテーブルが少なくとも10はありました。わたし達は、なんで支配人が予約で満杯だと言ったのか、不思議に思いました。

次の日の朝、朝食を食べに行きました。朝食の列に並んだわたし達の後ろには、白人のカップルがいました。テーブルにつき、注文をして、食べ物が出てくるのを忍耐強く待ちましたが、実際に朝食が運ばれてくるまでにはとても長い時間がかかりました。後ろの白人のカップルは、わたし達より後に朝食を注文したのに、なぜかわたし達より早く食事にありついていました。わたし達の朝食が来た時、そのカップルはもう食事を半分も平らげていたのです！ それなのに、わたし達は紅茶とリンゴジュースが運ばれてくるまで、3回も注文を繰り返さなければなりませんでした。それから、わ

> "これは人種差別をおこなってきた過去を持つ国にいると起きる「なにもかも疑わしく思われる」という体験の一例ではあります"

たし達はトーストを注文しました。
　運ばれてきたトーストは、冷たいお皿に半分こげたパンがほんの2切れ、というものでした。他の人達は（たまたま全員白人だったのですが）温かいパンの入ったすてきな小さいバスケットをもらっていました。トーストを追加で注文しましたが、次のものは、生温かくてぐしょっとしていました。もう一度挑戦しました。「トーストを何枚かいただけませんか？　ちゃんとトーストされてるやつを」すると、ウェイターの男性は、わたし達に向かってうなりました！　そのウェイターは白人の女性ばかりの隣のテーブルでも給仕をしていて、その時には「みなさま、食事をお楽しみくださいね！」なんて言いながら微笑んでいたのに、わたし達にはうなり声しかくれなかったのです！
　そのウェイターは、ガールフレンドの朝食を間違えすらしました。それを伝えると、彼はガールフレンドの皿をつかみ、10分後に戻ると、皿をテーブルの上にがしゃんと置いて、なんとそのまま去りました。「ご注文を間違えてしまい申し訳ありません」などとも言わずに！
　ガールフレンドの出身民族はベトナムで、わたしのほうはナイジェリアです。その夜わたし達は、リラックスして休暇を楽しむ代わりに、白人じゃなかったからこんな扱いを受けたのだろうかと考えていました。確かなことはわかりませんでしたし、今後も、ホテルの人達でなければ、それはわからないでしょう。でも、これは人種差別をおこなってきた過去を持つ国にいると起きる、「なにもかも疑わしく思われる」という体験の一例ではあります。
　それはまるで、お化けが住んでいた屋敷を訪れる時のようだと、言えるかもしれません。誰もが「お化けはもうみんないなくなったから大丈夫！」などと言うのですが、それがほんとうでも、ドアがバーンと音を立ててしまったり、階段がきしんだり、冷たい風がふいに吹いてきた時、「まだお化けがいるんじゃないだろうか。わたしをつかまえにやってくるのではないか。もしかしたら、大丈夫じゃないんじゃないか?!」などと考えずにはいられないでしょう。さあ、そんな呪われた屋敷に10分いなければならなかったら、どうでしょう。1週間、いや1年ならどうでしょう？　そして、一生いなければならないとしたら？

考えてみよう

歴史の語り方は、ある人の英国への帰属意識（自分がある集団の一員であるという意識）にどのように影響するでしょうか？　この体験において、その人の人種はどのように影響するでしょうか？

わたし達の社会は、昔と比べてどれくらい良くなったでしょうか？

　1968年、西ヨークシャーのハダーズフィールドに住んでいたエンジニアのマヘシュ・ウパダヤは家を買おうとしていましたが、その家を持っていた建設会社は、有色人には家を売らないという会社の方針があると、マヘシュに言いました。その理由は、有色人がいるとその家のある地域の価値が下がるから、というものでした。マヘシュは、1968年に**人種関係法**が発効したので、その方針は違法だと主張しました。マヘシュ・ウパダヤはこの建設会社を訴え、英国で初めて、人種関係法に基づいて人種**差別**の訴訟を起こした人となりました。この訴訟自体はのちに却下されてしまいましたが、裁判官は、会社の方針自体は実際に差別的であると認めました。建設会社はその方針を変更し、自分の信じるもののためにすべてを投げうって立ち上がったマヘシュは、小さな勝利を得ました。マヘシュは、この本の著者の1人であるニケシュ・シュクラの叔父です。

　ニケシュと叔父のマヘシュは、ときどき、社会がどれくらい、どういう面で変わったか、話し合うことがあります。ファーガス・ウィルソンという家主が（リークされた彼のメールの表現を借りると「あのカレー臭」を嫌がって）インド人やパキスタン人の家族に住居を貸さないようしていることがわかったのは、2017年のことでした。この行為は、裁判で違法と判定されました。この2つのとても似通った事例を考えると、1968年と2017年の間に、社会はどれくらい変わったと言えるでしょうか？

増長する憎悪

　白人至上主義者ディラン・ルーフは2015年6月、アメリカ合衆国サウスキャロライナ州の教会で9人のアフリカ系アメリカ人を殺害しました。

　英国では2016年、英国の欧州連合（EU）からの離脱をかけた投票の後、**憎悪犯罪**が46パーセントも増加しました。

　記者ケイティ・ホプキンズは、2015年に英国の大衆新聞『サン』紙に掲載されたコラムで移民を「ゴキブリ」や「野蛮人」と表現し、ゼイド・ラアド・アル・フセイン国連人権高等弁務官によって**虐殺**を煽ると非難されました。

　2017年8月には、アメリカ合衆国バージニア州のシャーロッツビルで白人至上主義者が集会をおこない、これに対する抗議運動をおこなっていた人が1人殺害されました。この事件によって、アメリカでは、白人至上主義者とそれに反対する人々のどちらにもそれぞれ善人と悪人がいる、と述べるような大統領に煽られ、白人至上主義が再び力をつけてきたことが明らかになりました。

※特定の人種、民族、宗教などに属する人を殺したり、危害を加えたりすること。

スティーブン・ローレンスの殺害

スティーブン・ローレンスは、前途有望なサウスイースト・ロンドン出身の、黒人の英国人の若者でした。スティーブンは、人種差別的な暴力によってその命を奪われた時、19歳でした。スティーブンの殺害は、英国史上で最も悪名高い人種差別を原因とする殺人事件の一つとなりました。1人の命がひさんにも奪われただけでなく、警察による捜査の失敗によって、英国社会にはまだ、一般人から殺人を調査する警察のような機関に至るまで、非常に人種差別的な態度が残っていることが明らかになったのです。

スティーブンは、1993年4月に殺害されましたが、犯人のうち2人が有罪判決を受けたのは、2012年のことでした。

殺害された当時、スティーブンはブラックヒース・ブルーコート校で科学技術と物理学を、ウルウィッチ・カレッジで英語英文学を学んでおり、建築家になることを目指していました。

スティーブンと友人のドゥウェイン・ブルックスは、叔父の家から帰ろうとしていた時、5人の男に襲われました。スティーブンはNワードでののしられてから、2回刺され、出血多量で死亡しました。

殺人事件についての最初の捜査の後、5人の男が逮捕されましたが、全員無罪となりました。目撃者となったドゥウェインは、殺人は人種差別によるもので、スティーブンは黒人だから殺されたのだと証言しました。

警察と公訴局はこの事件に誠実に対応せず、その結果、誰も有罪とはなりませんでした。

その後1998年にサー・ウィリアム・マクファーソンによる事件の公的調査がおこなわれました。マクファーソンは、当初のロンドン警視庁による捜査を調査したのですが、彼が下した結論は、警察という制度に人種差別が根付いているという、非常に手厳しいものでした。また、調査報告は、警察が捜査をおこなった時、どのような点で無知で怠けていて、間違っている、または問題のある対応をしたかについても詳細に述べるものでした。考えられない

※「ニガー」という黒人を侮蔑する呼称の頭文字をとった言葉。あまりにも差別的であるために口にするのを避けることを目的とした。

※日本の検察庁と同様の役割を持つ。

ことですが、警察官は現場に到着した時、スティーブンに応急処置を施さなかったのです。

　この調査の結果をまとめた1999年のマクファーソン報告書の公開は、「英国の近代刑事司法史における最も重要な瞬間の一つ」だと言われました。

　2011年5月18日には、当初の容疑者のうち2人、ゲリー・ドブソンとデイヴィッド・ノリスが、殺人の容疑で裁判にかけられることが発表されました。これは、秘密裏におこなわれた再調査により明らかとなった「新しい重要な証拠」を踏まえてのことでした。

　2012年1月3日、ドブソンとノリスは、ローレンス殺害の罪で有罪の判決を受けました。2人は当時未成年であったため、無期限の禁固刑（場合によっては早く出られることもある）を言い渡されました。これは、成人であれば終身刑に相当するもので、裁判官が「残酷で悪質な犯罪」だとした行為について、それぞれに最低でも15年2か月と14年3か月の刑期が命じられました。

　ある人が、殺されなければどんなことができただろう、どんな人になれただろう、と考えるのは大事なことです。スティーブンの前途は有望なものでした。それなのに彼の人生は、黒人だというだけで彼を殺した、5人の男によって終わりにされたのです。

　しかし、スティーブンの死はむだにはなりませんでした。スティーブンの死によって、英国の法律制度の核心にあった、**制度的人種差別**が明らかになったのです。それでも、彼がまだわたし達とともに生きている世界のほうが、どんなに良いことでしょう。

ドブソンとノリスが実際の犯行から約20年も後にスティーブン・ローレンス殺害の罪で有罪となった時の、新聞の第1面です。

わたしの体験

アシム・チョードリー

アシム・チョードリーは、受賞経験のある俳優、作家です。チョードリーは大人気のテレビ番組『ピープル・ジャスト・ドゥ・ノッシング』の共同制作者として有名です。このテレビ番組は爆発的な人気を得たYou Tubeの番組シリーズとして始まったものです。

ただの頭痛だよ

　1998年の夏のことです。ぼくは当時、11歳でした。ちょうどワールドカップが開催されていて、ぼくは地元のウェスト・ロンドンのフェルタムの公園で、新しいサッカーシューズをはいて、一番の親友のアサドとサッカーをしていました。
　ところでこの体験について話す前に、ぼく達が子どもだった頃、サッカーがどれくらい大事だったのかについて説明しておきましょう。

　サッカーはぼくらの人生そのものでした！

　朝には学校への通学路で互いにボールを蹴り合い、たまにそれが道路へ転がっていくと、怒った通勤中の人にどなりつけられ、クラクションを鳴らされたものでした。
　学校では時計をじっと見つめてお昼休みを待ちながら、完璧なゴールを入れるための動きを考えて、それに頭の中で解説まで付けていました。
　「アサド・カーンが左ウィングから完璧なクロスを上げた、アシム・チョードリーは見事に胸で落とし、軽やかな身のこなしでディフェンダーをかわすと、オーバーヘッドキックで、前に出てきたゴールキーパーの頭をこすシュート、前代未聞、最高のゴールだ！」
　昼休みを知らせるベルが鳴ると、ぼくはサッカーの空想からはっと目を覚まし、ちょっとだけ5人サッカーをするために学校裏のフィールドに走っていきました。ぼくはロナウド（クリスティアーノのほうじゃなく、本物のほうです！）をまねしようとして、ステップオーバーをやってみたり、ロベルト・カルロスみたいにシューズの外側を使った華麗な長距離フリーキックを蹴り上げようとしたりしました。ボールは必ずはるか上空へと飛んでいきました！　でもその劇的な効果が快感だったので、ぼくは気にしませんでした。

昼休みが終われば、ぼくらは泥だらけで、破れたズボンで教室に戻り、学校が終わると公園へまっしぐらに行ってさっきと同じことをやり、それから家に帰ってテレビで試合を見たものです。ぼくらはサッカーにとりつかれていました！

サッカーをしている時は、それ以上重要なものはなにもないように思えました。ぼくの両親が離婚しそうなこと、いとこががんで闘病していること、いつも家まで追いかけてくる近所の人種差別的な態度のワルどもでさえも、大したことではないように感じました。サッカーは純粋な逃避の手段でした。

ぼくの父さんは格安タクシーの運転手で、ぼくは父さんに、新しいナイキ製のロナウドのシューズが欲しいとしつこくねだり、いつもよりたくさんの家事の手伝いをすることや、毎週末車を掃除することまで約束しました。するとある日、父さんは、一晩中働いて少しお金を貯めたのだと説明してから、そのサッカーシューズをぼくにくれたのです。ぼくは、ばかみたいに騒ぎました！ 幸せな気持ちに浸るあまり、居間の中をぐるぐる走りまわらずにはいられませんでした。

それでは、ぼくの体験に戻るとしましょう。新しいシューズをはいたぼくは、アサドと公園にいました。アサドはちょうど、新品の1998年度フランスワールドカップ公式ボールを買ったばかりで、ぼくらはペナルティ・キックの練習をしていました。と、声が聞こえてきました。「おい、ちょっとそれ蹴らせてくれよ」と。それは近所の人種差別的な態度のワルどもで、ゴルフクラブを持っていました。ぼくらはそれを無視しました。するとリーダー格のやつが、「おい、**モウグリ**、おまえに話しかけてんだよ。ふざけんな、一発蹴らせろよ」と言ってきました。アサドは、「言うとおりにすればもしかしたらその後はほっといてくれるかも」とでも言いたげな視線をぼくに投げてから、ワルどもにボールをパスしました。リーダー格は「ありがとうございます！ またいらしてくださいね！」と、シン

※「モウグリ」とは、英国の作家ラドヤード・キプリングの小説に出てくる、インドのジャングルで狼に育てられた男の子のこと。

ブラジルのロナウド選手。「O Fenômeno」（超常現象）というニックネームでも知られています。1998年のFIFAワールドカップでは、大会最優秀選手としてゴールデンボール賞を勝ち取りました。

プソンズの**アプー**の声色で言いました。それからボールを蹴るふりをすると、それを持ったままどこかへ歩いていこうとしました。「おいやめてくれよ、買ったばかりなんだぜ」と、ぼくはだいぶ控えめな声で言いました。アサドはまたぼくをちらっと見ましたが、今回は「アシム、たのむから黙っとけ。持っていかせろ」と言いたげでした。このワルどもは、ぼくらより体が大きくて、年も上でした。ボールを持ったリーダー格はぼくのほうに寄ってきて、「おいパキ、この糞ボールが欲しいんだって？……じゃあやるよ」と言い、ぼくの顔めがけてボールを蹴ると、頭を殴りつけました。ぼくは顔が生温かくなるのを感じながらひっくり返り、笑い声だけが聞こえました。鼻に触れると、血、温かい血の感触がありました。アサドはぼくにかけより、ワルどもは、ボールを持ったまま立ち去りました。

ぼく達はお店に行って、誰かに鎮痛剤を買ってもらいました。ひどく頭痛がしていたのを覚えています。ぼくは、鎮痛剤を2錠コーラに入れてから飲みました（当時は、普通の飲み方ではのどに詰まると思っていたのです。なさけないですね）。頭が重く感じましたが、同時に別の感覚もありました。それは恥でした。たった今、強盗にあって攻撃されたのに、ぼくらはなんの抵抗もできなかったのです。この無力感は恥を、それも「鎮痛剤さえ普通に飲めないのか、なさけないな」というたぐいの恥ではなく、本物の、心をえぐるようなたぐいの羞恥心を残しました。ぼくは血をふきとって、なにが起きたのか誰にも言いませんでした。とても人種差別的な人の多い地域に住んでいたので、パキと呼ばれたことは前にもありました。ですがそう呼ばれてから襲われたのは初めてで、茶色い肌であるという罪に対する罰は、今までよりずっと瞬間的で現実味がありました。心臓はばくばくし、頭はずきずき痛み続けました。

ぼくは家に帰りましたが、頭が痛いからサッカーの試合も見たくないと言いました。ロナウドのシューズは、たんすにしまいました。

次の日の朝、ぼくは母さんに、頭痛がするから学校に行けない、と伝えました。母さんはぼくの体温を測ってから、ばかなことを言わないで学校に行く準備をしなさい、と言いました。ぼくは泣き始め、今日一日休ませてほしい、「お願い母さん、頭が痛いんだ」と必死で頼みました。問題が頭痛ではないことを察した母さんは、なにがあったのかぼくに聞きました。ぼくは、母さんに説明したかったのですが、羞恥心のせいで、言うことができませんでした。「なにも起きてないよ。ただの頭痛だよ」とぼくは言いました。

> "たった今、強盗にあって攻撃されたのに、ぼくらはなんの抵抗もできなかったのです。この無力感は恥……本物の、心をえぐるようなたぐいの羞恥心を残しました"

※アメリカのアニメに登場するインド人で、独特の発音でしゃべる。

肌の色とステレオタイプ（固定観念）

ステレオタイプ（固定観念）は、ピンクは女の子用、ブルーは男の子用というように、なにかを決めつける考え方のことです。ステレオタイプは、ちがいを強調する手段の一つです。ある人と別の人の間に距離をつくり、人種の間のちがいを、表立って話せるようなものではなく、埋めることのできない決定的な差のように見せかけます。ステレオタイプは、無害な冗談として軽く扱われることがありますが、実際には、大きな被害を与えるものです。ステレオタイプはある人による他の人々についての見方や理解に影響を与え、場合によっては、あるグループの人は親切にしたり大事にしたりする価値がない、などと思わせたりもできるのです。

差別とその被害

ステレオタイプはわたし達の社会規範にとても深く根を張っているので、その影響を受けているかどうかを見てとるのは、必ずしも簡単ではありません。この世界を理解するための手がかりとしてわたし達に教えられる話——特に人と人の間のちがいについての話——は、ステレオタイプに根ざしていることがあります。

例えば、黒人の男の子は、黒人は悪漢であるというステレオタイプのせいで、怒りの感情や暴力と結び付けられがちです。この悪漢のステレオタイプは、テレビで笑いや劇的な効果のために使われがちですが、黒人の男の子にはとても深刻な影響を及ぼします。このステレオタイプによって、いろいろな場所でいろいろな（でも大体は白人の）人々にどう扱われるかが決まるからです。白人の子ども達の3倍もの黒人の男の子が通学を拒否され、犯罪で訴えられる確率もとても高いのです。黒人の男の子に結び付けられた悪漢のステレオタイプと、彼らに対する差別のあり方には、明らかな関連性があります。黒人の男の子は、子どもではなく、危険な存在として扱われるのです。

警察による暴力

2017年には、15歳のテレル・デコスタ・ジョーンズ＝バートンが、ロンドン警察によって留置されている間に暴力を受けました。ジョーンズ＝バートンの歯は何本も欠け、あごの骨は折れて、脳にも傷が残りま

> たった1つのストーリーしか受け入れなければ、ステレオタイプができあがります。ステレオタイプの問題は、それが真実でないことではなく、不完全であるということです。あるストーリーを「唯一のストーリー」に変えてしまいます。たった1つだけのストーリーは、結果として、人の尊厳を奪い、わたし達が等しく人間であることを認めるのを難しくし、お互いの類似点よりも差異を強調します

チママンダ・ンゴズィ・アディーチェ（作家）

した。テリーザ・メイが英国首相としての最初の演説で言ったとおり「刑事司法制度の中で、黒人は白人よりも残酷な扱いを受けている」のです。テレル・デコスタ・ジョーンズ＝バートンの受けた暴力は衝撃的ではありますが、英国に暮らす黒人の人々に対して繰り返される、警察による暴力行為の一部なのです。

人種差別の正当化

ステレオタイプは、わたし達の意図とは関係なく、あるグループの人を友好的でなく、尊敬に値しない、人間らしくない人々に見せかけるために使われてしまいます。有色人の人々を人間でないものとして扱うのに使われるのです。そのため、ステレオタイプは人種差別を正当化するために利用されます。インドの人々に対して繰り返し暴力がふるわれ、貴重な資源の窃盗がおこなわれたにもかかわらず、英国によるインドの植民地化は、英国が「文明社会」をもたらしたという見解によって、今も正当化されています。人種差別の論法でいくと、もし白人である英国人による支配が文明社会をもたらしたのであれば、インドの人々は野蛮であったに違いない、ということになります。これは、最も古くからある人種差別的なステレオタイプの一つです。

これは、英国が自らを「文明社会」をもたらすものとして正当化した方法の一例です。この1750年代の絵では、インド人の行列を英国人の高官が先導しています。

考えてみよう

白人についてのステレオタイプにはどんなものがあるか、考えてみましょう。なにも思い付かない場合は、もしステレオタイプがあるとすれば、どんなものになるか想像してみてください。

わたしの体験

ウェイ・ミン・カム

ウェイ・ミン・カムは、「BAME・イン・パブリッシング」(「出版業界の黒人、アジア人および少数派の民族（エスニック・マイノリティー）」)という出版業界で働く有色人の人々のためのネットワークの共同創立者です。ウェイ・ミン・カムは作家でもありますが、人種の多様性の表象の改善を働きかけたり、有色人の人々が自分達について語る支援をしたりしています。

晩ご飯を食べるために席についていて、テレビではニュースが流れていました。同性のカップルのためのシビル・パートナーシップについての短い特集があり、母は舌打ちをしました。わたしは緊張を感じました。当時は10代で、両親と口論するのはいつものことでした。

母は、ゲイの人達は欲張りすぎるようになったね、と言いました。わたしは、ただ平等な権利が欲しいだけでしょ、とするどい口調で切り返しました。父は、母さんも自分もゲイの人が嫌いなわけではないが、なんでいつも大騒ぎをしなきゃならないのか理解できないんだ、というようなことを言いました。わたしはむだだと悟って黙りました。

数か月後、第6学年が始まった時、何人か転入生の女の子が入学してきました。わたしは国語の授業の時、そのうちの1人の隣の席になりました。その女の子は頭が良くておもしろくてかわいらしくて、いつも彼女の側にいたいと思いました。その感情に、混乱しました。何か月も後、わたしは、彼女に片思いをしているのだと、気づきました。

その時のことで一番（恋い焦がれる気持ちと、それがばれやしないかという恐怖以外で）覚えているのは、驚きの感情です。晩ご飯の時の口論や、クィアの人々になぜ平等の権利が必要なのか理解しない両親への怒りは、全部、異性愛者として彼らに味方しようという意思によるものだと思っていました。自分自身がクィアだからなのかもしれないとは、みじんも考えたことがありませんでした。

その驚きの感情は、わたしが学生の間、ずっと消えることはありませんでした。わたしは、女の子に魅力を感じる自分を否定することもあれば、自分にそんなことが起きたということについて困惑することもありました。クィアの権利について目にするどんな小さな報道でも、インタビューされ

※高校1年生に相当する。　　　※女性であれば男性、男性であれば女性を恋愛の対象とする人。

る人はほぼみんな白人であり、しかも大体は男性であることにも気づき始めました。テレビ番組で、異性愛者ではない人物を探してみても、ほぼ例外なく、みな白人でした。ゲイの登場人物の出てくる数少ない本でも、そういう人物は白人でした。有色人のクィアの人は、まるで存在しないかのようでした。

大学に進学すると、LGBTのクラブのメンバーは大体白人でした。それに参加するなんて、考えもしませんでした。

わたしは、あなたは1人じゃない、それにごく普通の人なんだと言ってくれるなにかを求めていました。今は大丈夫じゃなくても、きっとこれから大丈夫になる、と。でもそういう風に安心させてくれるようなものはなにもなく、自分のどこかがおかしいのだという気持ちと闘う役には立ちませんでした。それがおかしいことではないのだと同時に知っていても。

卒業してから数か月後のある日、わたしは地元の本屋さんでマリンダ・ローという作家の書いた、ヤングアダルト向けの小説『Ash』を見つけました。それまで、中国の名前を持つ人による子ども向けの本なんて、見たことがありませんでした。本をパラパラとめくると、2人の女の子のあいだのクィアのロマンスが描かれたファンタジーであることがわかって、心臓がすぐにばくばくし始めました。その午後、わたしは息もできないほど興奮してその小説を読み切りました。少し孤独が和らいだ思いでした。

それから数年後のことです。わたし達はいとこの誕生日を祝いに集まり、両親達について話していました。

「うちの母と父は、だいぶまるくなったか

な。でも政治について話すと、今でもすごいけんかになっちゃうんだよね。ゲイの権利についてだって、わたしが説得したから少し柔軟になっただけだしさ」とわたしは言いました。

「まあそれは、中国系だから仕方ないんじゃない？」と、いとこの1人が肩をすくめながら言いました。まるで、ただほんとうのことを言っただけだ、という感じで。

そのいとこの発言に含まれていた意見に驚いて、まばたきしかできませんでした。同性愛嫌悪は社会に組み込まれたもので、それが中国人固有の偏見であると考えるのはばかげている上に人種差別的だ、と指摘しなければと思いました。結局のところ、がんこな白人の登場する同性愛嫌悪の体験談は大量にあるのですし。

でもなにか言える前に、会話は次の話題へと移ってしまいました。

その後、わたしは、クィアであることを家族に打ち明けたと兄弟から聞いた時、いとこは驚いただろうか、わたし達の会話を聞いていた他のいとこ達はなにも言わなかったけれど、あのいとこが言ったのと同じことを信じていた人はいただろうか、と考えを巡らせました。

❝わたしは、あなたは1人じゃない、それにごく普通の人なんだと言ってくれるなにかを求めていました❞

※レズビアン・ゲイ・バイセクシュアル・トランスセクシュアルの頭文字をとった総称。

わたしの体験

ベッキー・オラニイ

ベッキー・オラニイは活動家で、フェミニストであるのと同時に障害についての活動もしており、シスターズ・オブ・フリーダという、英国に暮らす障害のある女性達でつくる団体のメンバーでもあります。ベッキーは、平等な権利の妨げとなるような障害を取り除くために働いています。

人種は、目の色や背の高さのように、両親から受け継ぐものです。大体の場合、人種は外見からわかります。人種は生き物としてのわたし達の一部であり、変えることができません。

もうご存知かもしれませんが、それと似たような言葉があります。「民族（エスニシティ）」という言葉です。民族は、言語、食べ物、そして（時には）宗教などによって形作られる文化的背景のことです。これらのものが共通する人々をまとめて民族集団と言い、これは人種とは関係がないこともあります。民族は、人生の経験に応じて変化する可能性のあるものです。民族と人種は一部重なる部分もありますが、その他の部分では完全に別物です。

両親、祖父母、そして曾祖父母は全員ナイジェリア出身で、ナイジェリアに住んでいたことがあります。ですからわたしは確実にナイジェリア人で、そして黒人だと言えるでしょう。家族はみんなヨルバ語を話し、ナイジェリア料理を食べ、そしてキリスト教徒でもあります（キリスト教は、ナイジェリアで一番信者の多い宗教です）。わたしは、両親がナイジェリアから英国に移住した後に生まれました。わたしはそのまま成長し、今はヨルバ語を話せませんし、ナイジェリア料理も食べなければ、教会に通ってもいません。わたしが話せるのは英語だけで、中華料理が好きです。

子どもの時は、「英国人的」なことを学校でやり、家では「ナイジェリア人的」なことをやっていました。学校には西アフリカの子ども達がたくさんいたのですが、みんな、ある場面ではこう、別の場面ではこうと、その場に合わせてふるまいがちでした。ときどき、特に母がわたしを学校に送ってくれた時など、場面同士がぶつかり合うこともありました。ナイジェリア人の給食係の人の多くは、母の友人だったのです。わたしはそういう給食係の人のことを、母がいなくて他の生徒がいる時でも、いつも「おばさん」と呼ばされました。それで、給食係の人ほぼ全員と親戚だなんてありえるのだろうか、と混乱するクラスメートが何人かいました。

年月がたつうちに、「英国人的」だとさ

世界中から来た食べ物

> "かつて恥ずかしいと思っていたことも、隠すのではなく認め合い、そして守っていくべきことであったことがわかりました"

れることの内容もかなり変わってきました。母が1980年代に英国に渡ってきた時は、誰も「ケバブ」がなんなのか知らなかったのではないかと思います。母のような顔をした人はそうおらず、いても同じような仲間としか交流しないものでした。時の経過とともに、世界中から来た人々が英国の文化に貢献していき、わたし達のほとんどが行ったことのないような場所の食べ物を食べ、音楽を聴くことができるようになりました。英国人らしさの定義も変わり、わたしのような人も含まれるようになりました。

わたしは英国人という民族だ、ということもできるかもしれませんが、それだけではわたしを表すには足りません。わたしはナイジェリアの文化に含まれるすべてのことを実践しているわけではありませんが、ヨルバ語を理解することはできますし、ナイジェリアの服を着て、自分より年上の人みんなのことを今も、「おばさん」や「おじさん」と呼びます。わたしの生き方は、家族の信条と西洋社会で育ったことの両方を反映しているのです。

今より若かった頃は、白人のクラスメート達になじみたいと思っていて、そのためにはほんとうの自分を隠さなければならないのだと考えていました。今のわたしは、自分らしくしていながらでも人と仲良くできるし、理解もできることを知っています。かつて恥ずかしいと思っていたことも、隠すのではなく認め合い、そして守っていくべきことであったことがわかりました。わたしは自分のことを「黒人の英国人」だと考えています。

考えてみよう

ベッキーはナイジェリア人であるとともに黒人で、自分のことを「黒人の英国人」だと表現しています。あなたは、自分をどう表現したいと思いますか？ あなたの民族的背景のどの部分を強調したいと思いますか？

人種と多様性の表象

多様性の表象は大切なことです。自身と似た外見を持つ人のことを知ること、つまり映画や本、テレビ番組などで自分と同じ特徴のある人を見ることは、大事なことなのです。自分の暮らす社会の一員として認められ、受け入れられることは、帰属意識を持つ上で必須と言えるでしょう。ですが残念なことに、こと人種に関しては、ポジティブな表象で、しかもできが良く、かつみんなの手に届くところにあるものは、かなり限られています。

抹消

普段、白人であれば、雑誌を開いたりテレビを点けたりする時、自分と同じような特徴があって、似たような生活をしている人がそこに登場するかどうかを考える必要はないでしょう。どこでも存在が認められている、ということは特権なのです。わたし達のような有色人の人にとっては、表象されるというのはそんなに簡単な話ではありません。わたし達は満足できるほど十分には表象されていませんし、さまざまなストーリーから除外されています。たとえ実世界ではそのストーリーの一部として活躍していたとしても、です。この行為は「抹消」と呼ばれます。有色人の人物があるストーリーに含まれていたとしても、その描写は人種差別によって彩られることもあります。有色人の人々は、毎回白人の主人公のサポート役にされて、肌の白い友人の手助けをすること以外については描かれないか、法律を破る犯罪者としてしか登場しないのです。

この映像の1コマは、フィップス・クラーク教授のおこなった「人形テスト」を再現したものです。

人形テスト

「人形テスト」という有名な実験があります。この実験は、心理学者のケネスとマミー・フィップス・クラークによって作られたもので、人種差別と人種の隔離が黒人の子どもの自己認識に与える影響を測るものでした。実験では、9歳以下の子どもに肌の黒い人形と肌の白い人形を1体ずつ与え

※あるものを別のもので表すプロセス。例えばテレビに出てくるイギリスに住む黒人の像は、イギリスに住む黒人の代表でもあるとみなされる。

ました。ほとんどの子どもは、肌の白い人形のほうがかわいくてすてきだと思い、肌の黒い人形はみにくい人形だと言いました。この人形テストは、子ども達が色の薄い肌をポジティブなものととらえ、色の濃い肌のことをネガティブにとらえるよう教え込まれていることが明らかになったという、意義深いものでした。

自尊心と自己表象

多様性の表象のあり方は、自尊心だけでなく、自分にどういう生き方ができるか想像する力にもひそかに影響を及ぼします。わたし達と似た登場人物が冒険に出て、恋に落ち、芸術家になり、宇宙を旅するのを見ること、そしてスーパーでパンを買うというような日常的な用事をこなしているのを見ることでさえ、肯定感とインスピレーションを得るために重要なのです。

新しい技術の誕生によって、新たな方法でストーリーを語ることが可能となりました。一番良かったことは、誰にでもストーリーを語ることができるようになったことでしょう。映画界やテレビ界で働かなくても、観客にストーリーを見せることができるのです。有色人の人も、動画、ポッドキャスト、ブログ、ビデオブログ、そしてそれらの中間のものすべてを制作し、人気を集めています。可能なかぎり自分のストーリーを物語ることで、有色人の人々は、自分達のイメージの表象のされかたを以前よりコントロールできるようになりました。自己表象によって、有色人の人物が白人の登場人物との関係性で定義される可能性は低くなり、自らのストーリーの主人公として描かれることが多くなるでしょう。

> 「わたしと同じような外見の人がわたしのやりたいと思っていたことをやっているのを見るまで、自分にもそれができるようになるかもしれない、とはあまり考えていませんでした。ウーピー・ゴールドバーグやオプラ・ウィンフリーが『カラーパープル』に出演するのを見た時、ふいに気づいたのです。「あっ……わたしは女優になれるんだ！」と。わたし達は、可能性の種を植えているのです」
>
> ルピタ・ニョンゴ（女優）

ウーピー・ゴールドバーグ

オプラ・ウィンフリー

ルピタ・ニョンゴ

わたしの体験

ネイディーン・アイシャ・ジャサット

ネイディーン・アイシャ・ジャサットは作家で、ジェンダー差による暴力に立ち向かうことについての専門家でもあります。不平等の問題について若者と協力して取り組んでおり、2018年にスコティッシュ・ブック・トラストの新人賞を受賞しました。

腕輪と帰属意識

まだ10代だった時、おばから2本の金の腕輪をもらいました。おばはそれを、腕にはめていた腕輪の束からとってくれたのでした。わたしはジンバブエのインド人の家系で、おばにとってその金の腕輪を身に付けることは、インド側の伝統との絆を築くという意味がありました。おばが毎日身に付けていた束から2本の腕輪をもらった時、その伝統とだけでなく、おば自身との絆も作られたように感じました。

わたしは英国で育ちましたが、父方の親族はジンバブエにいて、会いに行くには飛行機に乗らなければなりませんでした。わたしはよく、どこから来たのか説明するよう求められました。同じ学校の子ども達や、先生達、友人、そして道端で出くわした赤の他人にでさえも。母は白人の英国人で、父はアフリカとインド両方の文化を受け継いでおり、何世代もジンバブエに住んできた家系でした。どこから来たのか尋ねられ、「ヨークシャー州からです」という単純な答えでは満足されないことがありました。そういう人は、「もともとは、いやもともとは」と図々しく繰り返すのです。そうなると突然、「ヨークシャー州」と答えればよかったものは長い物語に変化し、わたしがそれを語りたいかとは関係なく、説明しなければならないことのように感じました。

自分が生まれ育った場所に完全に帰属するように感じることは、わざわざ否定するために詰めかけてくるような人が大勢いると、難しくなるものです。英国では、おまえは他の人と違う、おまえは「場違い」な人間だ、と指摘してくる人が何人もいました。でも、それからジンバブエに行くと、そちらもわたしに合った場であるというわけではないことがはっきりとわかりました。大好きな詩集の一冊であるイジェオマ・ウメビニュオの『Questions for Ada（アダへの質問）』では、そのことが完璧に表現されています。「故郷ではなじめず、こちらでもなじめず、どちらでもなにか足りない

> わたしはじきに、自分で自分の故郷について決められること、他人に決められなくて良いことに気づき始めました

ものがある」わたしもそのように感じていました。2つの場所、2つの故郷に片足ずつ置いていて、どちらにも完全に帰属できないように感じていたのです。

簡単なことではありませんでしたが、わたしはじきに、自分で自分の故郷について決められること、他人に決められなくて良いことに気づき始めました。「故郷とは、自分の心がある場所のこと」であるのならば、最も幸せで、最も生き生きとしていられる場所が故郷だと言えるでしょう。わたしの故郷は、わたしが選んだ国であるスコットランドであり、わたしの家族が暮らしてきた南アフリカのインド人の文化が根付く南アフリカでもあるのです。わたしは1つ以上の場所に帰属することができるのだと、そして自分でどこに帰属するかを決めれば、2つの世界の間に挟まっているような気持ちを変えられるのだと、気づきました。それぞれの世界から来てわたしの中で合わさった、さまざまなものを受け入れ、愛することができるようになったのです。

大人になったわたしは今、かつての自分と同じように自分のアイデンティティについて悩む若い人の手助けをしています。ヒジャブをかぶってハイトップ・シューズをはくこと、マサラ・ドーサを食べながらアイアンブルーを飲むことについて話したりします。そうやって話し合うことで、自分らしくしていいんだということ、わたし達の中の文化の混ざり合いは、すばらしくユニークなものであることに気づけるのです。わたし達が自分らしくあればあるほど、お手本となって、自分の道を歩もうとする他の人に勇気を与えることができるのです。

おばあの腕輪をくれてから、わたしは毎日それを身に付けていましたが、8年ほどたった頃、腕輪が腕から抜け落ちて、どうやらなくしてしまったようだと気づきました。わたしはうろたえました。腕輪をなくすことで、おばとわたしの受け継いだ伝統を繋いでいたものを失ってしまったように思ったのです。でもそうではありませんでした。伝統を思い起こさせることのできるお守りを失っても、その魔法そのものは消えることがありませんでした。家族との、そして伝統との絆は、わたしの中にいつもあるものでした。その絆が確かにあって、わたしの書くもの、することや話すことに表れていると信じていれば、大丈夫なのでした。その絆が、常にわたしの本質と共にあることを信じてさえいれば。

考えてみよう

あなたは、自分がどこに帰属していると思いますか？ あなたは、自分についてどう表現したいと思いますか？

※Home is where the heart isということわざ。　※スコットランド特有の定番ソフトドリンク。

人種と権利

人種差別が起きた時は、法律の助けを得てそれに立ち向かうことができます。

英国の2010年平等法は、人種を理由として差別をすることを禁じる法律です。
2010年平等法は、人種は肌の色、民族（エスニシティ）、人種集団または国籍によって定義されるとしています。生まれた国を指すこともあれば、住んでいる国を指すこともあります。また、どこから来た民族であるかも関係がある場合があります。
例としては、英国のパスポートを持っているインドから来た祖先を持つ人などが挙げられるでしょう。
人種差別とは、ある場面で人種が原因で異なる待遇を受けることで、平等法の対象となっています。一度きりのできごとである場合もありますが、差別的な規則や方針が定められていることもあります。わざとでなくても、平等法違反になる場合もあります。

平等法では、人種差別は主に4種類に分けられます。

● **直接差別**

人種を理由として、同じような状況にいる別の人種の人よりも悪い待遇をした場合。2017年、大家のファーガス・ウィルソンの「カレーの臭いがするから」インドやパキスタンの人には家を貸さないという方針は、平等人権委員会により法律違反と認められました（p.20参照）。

● **間接差別**

ある組織が、特定の人種集団に属する人が不利になるような方針または働き方を定めている場合。
例としては、ある会社が従業員に対し、プライベートの会話も含め英語以外の言語で意思疎通することを禁じることが挙げられます。これは最も得意な言語が英語ではない人を差別し、そういう人が働けなくなることに繋がりかねません。

●ハラスメント

ある人が別の人に恥をかかされた、感情を害された、またはおとしめられたと感じさせられた場合。

女優レスリー・ジョーンズは、映画『ゴーストバスターズ』のリブート版に出演した際、さまざまな人種差別的（そして性差別的）なハラスメントを受けました。ハラスメントは人種差別的な中傷のように明らかに差別的なものから、ある人種は他の人種より劣っているとわずかにほのめかすような行為までもが含まれます。

2016年、レスリー・ジョーンズは、主役を全員女性に替えた、映画『ゴーストバスターズ』のリブート版に唯一の有色人の女優として出演した後、人種・性差別的な中傷を浴びせられました。

平等法は2010年に発効したもので、人種以外にもさまざまな事柄に対応しています。この法律は、1970年**同一賃金法**、1975年**性差別禁止法**、1976年**人種関係法**、1995年**障害者差別禁止法**、そして宗教、信条、**性的指向**および年齢についての職場内差別に関連する法律などを含む、いろいろな差別に絡む法律をまとめるために作られたものでした。

●報復的取扱

ある人が、平等法に基づき人種関連の差別について苦情を申し立てたことによって不公平な扱いを受けた場合。ある人がなんらかの人種差別的な待遇について公式に申し立てをおこない、その人の上司が申し立てを取り下げさせようと不当な圧力をかけた場合などが含まれます。

🐞 日本の読者に

もしあなたが日本で不公平な扱いを受けたと感じ、それについてアドバイスを受けたいと思う場合は、人権擁護局に相談することができます。

人権擁護局インターネット人権相談受付窓口
http://www.moj.go.jp/JINKEN/jinken113.html

※どの性別を恋愛の対象とするかを表すもの。

わたしの体験

チトラ・ラマスワミー

チトラ・ラマスワミーは記者であり、書評家であり、フリーライターでもあります。チトラの最初の著作である『Expecting（妊娠中）』は、賞を受賞しました。チトラは現在、初めての小説の執筆に取り組んでいます。

それは学校のある、ごく普通の日でした。その日は晴れで、お昼休みの後のだるい時間帯か、それともその前の空腹な時間帯だったのでしょうか。当時わたしは12歳、いや13歳だったかもしれません。やせっぽちで、おしゃべりで、傷付きやすいティーンエイジャーで、自分と同じ色の肌の登場人物なんて一度も見つけたことがないにもかかわらず、本が猛烈に好きでした。実際のところ、そんな人物を見つけようともしていませんでした。当時は1990年代前半で、サッカーボールがフルスピードで（大体はわざと）頭めがけて飛んでくる危険でいっぱいの校庭がある、騒々しいサウスウェスト・ロンドンの総合制中等学校に通っていました。学校のクラスは人数が多く、さまざまな民族がいて、その多様性はいつか賞賛されるようになるものだったのかもしれませんが、その時はまあ、ただ緊張で張り詰めた雰囲気しかありませんでした。

わたしは、ある背が低い人気者の男子にいつも悩まされていた（いじめなんて言葉は、考えるのさえさけなくて、絶対に使いたくありませんでした）のですが、美術の授業中、その男子は両方の手の人差し指を上げました。指はどちらも、黒い絵の具できっちり塗られていました。一本の指はめがねをかけたまじめなアジア系英国人（わたし達は自分のことを、「アジア系英国人」か、時には「少数派の民族」と呼ぶように教えられていました）で、わたしとほぼ同じ名字を持っていた不運な男子を、もう一方の指はわたしを表していました。その男子は指同士をくっつけ合い、そこに描かれた小さな黒い顔をぐりぐりと押し付けながら、なにかを言いました。そのなにかは、まるで矢であるかのように、胸に刺さりました。バスの中で、道端で、校庭で、スーパーの列で、人の家の周りで聞く、あの言葉でした。じきに、ののしり言葉のように、頭文字だけでこっそり表されるような言葉です。あの言葉は、どんな風に表されたとしても、わたしをうちのめす力を失うことはないでしょう。

クラスのみんなは、笑いました。逃げ場はなく、先生も（少なくともわたしの記憶では）おらず、じっと静かに座って、その場をやりすごすしか、生き延びる方法はあ

> "あなたは肌の色、人種、アンケートで「わたしはこの民族です」ということを示すために付けるチェックマーク、そしてどこから来たのか説明する時に口にする場所よりも、大事な存在なのです"

りませんでした。

わたしの心は、この記憶を呼び起こすだけで、また当時のように痛み出します。心が痛みつづけることは、人種差別を経験した人にとってよくあることだと、後から知りました。この経験は、20歳、30歳、39歳（まだわたしは40歳になっていませんよ！）の自分を羞恥心と痛みで満たし、どんなに時がたっても、どんなことを達成していても、関係ないのです。もう会わなくなって久しい人から言われたほんの少しの言葉が、こんなに長い間消えないなんて、驚くべきことです。

大人になったわたしは、このできごとを振り返って、それを人種差別の一例として挙げることができます。別に、特別印象的なできごとだったわけではありません。このコラムを書こうとした時、最初に浮かんできたのがこれだっただけです。この記憶はまだ、わたしを待ち構えていて、相変わらず心を痛ませるのでした。そして、苦しかった当時には気づかなかったことも、思い出しました。あの背の低い男の子も、人種が入り交じった子どもだったのです。彼だって、茶色い肌で生きるという体験をしていて、それによって人と違う扱いを受けた経験もあったに違いありません。指を黒く塗ったあの男の子も、黒人だったのです。

わたしは、指を絵の具で黒くした、人種の入り交じった男の子にではなく、じっと座ってその場をやり過ごそうとしている、茶色い肌をした南インドからの移民の娘に対して、こう伝えたいと思います。人種差別は、人の数と同じだけの、いろいろな形で現れるものです。ある人種としての自分の体験は、どんな時も、どんな文化においても、どんな年齢になっても、どんな場所でも、途切れることがありません。これは、疲れるし、混乱するし、痛みも伴うものですが、喜ばしいことでもあります。この体験こそ、あなたを形作るものです。あなたは肌の色、人種、アンケートで「わたしはこの民族です」ということを示すために付けるチェックマーク、そしてどこから来たのか説明する時に口にする場所よりも、大事な存在なのです。あなたは、それら以上の、意味のある存在なのです。でも、誇りを持ってください。本を読むことをやめないでください。堂々としていてください。なぜなら、あなたは同時に、それらのものでもあるのですから。

考えてみよう

あなたは、どんな形の人種差別を見たり、聞いたり、体験したことがありますか？

人種差別を受けたらどう感じるでしょう？

自分の感情は自分のもの
ニケシュ・シュクラ

人種差別がおこなわれているのを目撃したり、その被害者になったことは何度もありますが、その時、ぼくがどう感じるかは、ほとんどの場合、無視されました。自分の感情が無視されることは、うつや不安の原因となりえます。p.10〜11のぼくのコラムを読んでいれば、ぼくの体験についてはもう知っているでしょう。ぼくの経験では、人種差別が起きた場合、問題発言をした人の気持ちをどうするかに注目がいき、被害者への影響はないがしろにされがちです。

もしある人が、たとえ自分の言ったことが人種差別的だとわかっていながら発言していたとしても、それが間違ったものであることを証明するのは、被害者の仕事にされてしまいます。これは、非常に疲れる仕事です。

その人が自分の発言が差別的だとわかっていなかった時には、それが間違ったことだと知ったその人が言い訳がましくしたり、取り乱したりするのにも対応しなければなりません。この作業でも、被害者のほうが動転したり、取り乱したりしてしまうことがあります。ぼくの経験では、一番いい対応方法は、たった今なにが起きたのか、それがどのような影響をぼくに及ぼしたのかを、とても冷静に説明することです。そういう場面では、相手の人よりも、自分への影響を考えるのを大事にすることにしています。自分に対して、自分が一番大事だと示すことは、とても重要なことです。怒ったり、動転したり、不安になったりしてもよく、自分が正しいと考えても良いのだと、自分の感情は自分のもので、他の誰のものでもないのだと、自分自身にあらためて思い出させる必要があるのです。

よく、人から、有色人であるぼくが人種差別と闘う時、どうやったら手伝えるのか、と聞かれることがあります。そういう人は、「どうやったらあなたを助けられるんですか？」と聞きます。

彼らへの答えは、こうです。「ぼくが人種差別と闘うのを手伝う義務は、あなたにはありません。あなたの義務は、身近な場面、つまりあなたのコミュニティや、友人達、家族のいる場で差別に立ち向かうことです。ぼくは、ぼくの身近なところで、同じように闘います。ぼく達は、自分が暮らす場所にしか影響を及ぼすことができないのですから、手伝いたいのであれば、自分のコミュニティを良くする努力をしてください。ぼくは、ぼくのコミュニティを良くする努力をしますから」。

人種差別の存在を認め、立ち向かう
クレア・フーチャン

人種差別の体験の多くは、心に傷を残します。自分の人種のせいで人間以下の扱いを受けると、深い痛みが伴います。そんな時、周りの人達に見て見ぬふりをされれば、絶望的な孤独を感じるでしょう。他人が人種差別が起きた時にどう反応するか（また

> 人種差別の効果は、注意をそらすことで、これは非常に深刻です。人種差別は、本来自分のすべきことに取り組むのを妨げます。自分がなぜ存在するのかを、何度も何度も説明させるのです。あなた達には言語がないと言われたら、あなたは20年も費やしてそれが違うことを証明せずにはいられなくなります。あなたの達の頭の形は変だと言われたら、変でないことを科学者に証明させる必要がでてきます。あなた達には芸術がないと言われたら、芸術作品を探しださなければなりません。あなたの人種には国がないと言われたら、国があった事実を引き出さなければなりません。これらは、非常に不毛な努力です。いつも、欠けているものがなにかもう一つあると、言われてしまうのですから

トニ・モリスン（作家）

はしないか）も、人種差別の経験の大きな要素となります。

前に述べたように、人種差別について考えること自体を気まずいと感じる人（主に白人）がいます。彼らは、あなたに起きた人種差別的なできごとに理由をつけて正当化し、あなたの肌の色とは全く無関係で、完全なる偶然のできごとだと主張します。その、みにくくて恥ずべきできごとが、人種差別ではなかったのだと、どうにか説明しようとします。理由付けに引っ張り出してくるすべてによって、あなたの体験した現実が否定されます。あなたは自分を疑うようにしむけられ、自分の思い過ごしなのではないかと感じさせられます。この行為を「ガスライティング」と言います。

ガスライティングというのは、特にわたし達より力のある人（例えば先生や親）がおこなう場合、とても恐ろしいものです。ガスライティングは、有害であるにもかかわらず、人種差別が起きた時によくおこなわれます。ガスライティングによって植え付けられた自分への疑いによって、有色人の人々は、信じてもらえないことを恐れ、人種差別の経験を話すのをためらうようになります。これによって白人も差別に気づく機会を失い、自分の生き方を変える必要性（例えば、どういう人と付き合うべきかなど）を感じることが少なくなります。

覚えておいてください。人種差別の経験は、あなたの思い過ごしではありません。人種差別は、その存在を否定したい人が何人いようとも、この世界に存在します。世界をより良くしていく唯一の方法は、人種差別の存在を認め、立ち向かうことです。あなたや他の人に対して人種差別的である人や、ガスライティングをする人から距離を置くのは、間違ったことではありません。人種差別に立ち向かい、そして人種差別的な態度をとらないようにする方法について、見てみましょう。

どうやったら人種差別に立ち向かえるでしょう？

もし人種差別が起きているのを目撃したら、それに立ち向かうのは大事なことです。道端で、遊び場で、教室で、家で、またはテレビ番組や映画でなど、いろいろな場所で起きるのを見ることがあるかもしれません。この本の「わたしの体験」で見てきたように、人種差別はどこでも起きるものです。ホテル、学校、家、道端、教室だけでなく、あなた自身の頭の中でも、起きることがあるのです。

人種差別を目撃した場合にできることをいくつかご紹介します。

道端で起きた場合

誰かが肌の色を理由に別の人にいやがらせをしているのを見聞きしたり、人種のせいで差別しているんじゃないかと感じたりした時は、2つのことをするのが大事です。1つは、その差別かいやがらせを受けている人の完全な味方でいること。もう1つは、その差別かいやがらせをしている人に立ち向かうことです（そういう場面に出くわした時は、自分の身の安全を一番に考えることが重要だと、ここで強調しておきます。関わるのは、自分が大丈夫だと感じた時だけにしてください）。

良い味方でいること

いやがらせや差別を受けている人は、味方を必要としています。必要なのは精神的な支えかもしれませんし、その状況から逃れるための手助けかもしれません。その人を励まし、人種差別を受けたのは自分のせいであると感じさせないようにすることが重要です。肝心なのは、その人が自分を責めないことです。そのできごとが自分のせいでなかったと感じられるようにしましょう。そのできごとを警察などに報告するのを手伝い、もしなにが起きたのか見たのであれば、目撃者として証言することを申し出ても良いかもしれません。

差別をした人に立ち向かうこと

もう一度強調しておきますが、これは、自分の身が安全だと感じ、被害者をその場から適切な方法で離れさせた後に、初めてやることです。差別をした人にやめるように伝え、その人の発言が差別的であることを指摘し、

それが違法なだけでなく、人間らしくないふるまいであることを強調しましょう。

身近なところで起きる差別

あなたの先生や親戚が、人種差別的な意見を述べることもあるでしょう。その人は自分の言葉の及ぼす効果に気づいていないかもしれませんから、抗議することは重要です。そういう発言は、特定のステレオタイプに触れるようなさりげないものであるかもしれません。知識や理解が足りないことによるものであるかもしれません。その場合、その親戚、先生またはクラスメートに、今の発言が人種差別的だったと教えるのは、あなたの役目です。でも、そういう人を人種差別主義者とは呼ばないでください。誰かを人種差別主義者呼ばわりするのと、その人の発言が人種差別的だと指摘することには、大きな違いがあります。誰かにある発言が人種差別的であったことを伝え、その理由を説明すれば、その人が学び、自分のふるまいについて反省して、自分を変えるチャンスを与えることができるでしょう。ですが、誰かを人種差別主義者と呼んでしまえば、残念ながらその人は自分を守ろうとして今までの考え方にしがみつくことが多く、そうなってしまうと、まともな話し合いをするのが難しくなるのです。

テレビ番組や映画、インターネットなどの中で起きる差別

もし、テレビや映画、広告、ウェブサイトなどで人種差別的であるように感じるものを見たのであれば、あなたにはやれることがあります。意見を持つことはみんなの権利で、誰もが自分と同じように物事を見るわけではない、ということを意識するのも重要なことですが、もしそのテレビ番組、映画や広告で表されている意見が人種差別的で、ヘイトスピーチではないかと心配になったら、それをしかるべき機関に報告してください。そうすれば、その機関の人達が調査をしてくれるでしょう。

考えてみよう

もし何をしても絶対に安全だとしたら、人種差別に立ち向かうにはどういうことができると思いますか？ その時、緊張しますか？ それとも楽観的な気持ちですか？ それともその両方？ それはなぜですか？

もし人種差別的な内容をテレビ番組や映画、ウェブサイトなどで見かけたら、それを報告することのできるウェブサイトがあります。

人種差別の習慣を捨てること

人種差別は、ひきょうなものです。存在しないふりや、見て見ぬふりをすればするほど、人種差別は害をふりまくのです。人種差別は、わたし達の暮らす社会の中に深く根を張っているので、それが差別だとわからないことや、目の前で起きていることが人種差別と呼べることに気づかない場合があります。

有色人の人々は、人種差別を自分の中へと吸収していきます。どういうことかというと、あの人形テストで示されたように、自分達と結び付けられた偏見が、部分的であれほんとうのことなのだと信じるようになるのです（p.32～33参照）。白人は、それを有色人の人が不利になるような方法で利用することを身に付けていきます。それは時には意図的にすることかもしれませんが、無意識にやってしまう場合もあります。白人が人種差別を利用して成功したり、生活の中で良い地位を手に入れたりすることについては、p.17とp.27で見たとおりです。

わたし達は幼い頃から、歴史や文化、そしてメディアから人種差別を吸収し学んでいきます。そのため、人種差別があっても「そういうものだ」と、日常生活の一部であるかのように感じるかもしれません。でも、気を落とさないでください。だからといって社会の中の不平等を普通の社会の一部として受け入れなくてはならないわけではないのです。それに、人種差別は人間の考え方の一部なんだと受け入れる必要もありません。それは、わたし達ひとりひとりに、自分を変え、成長する力があるからです。わたし達には、人種差別の習慣を捨てる力があるのです。

人種差別の習慣を捨て去ることは、あなたが人生で成し遂げることのできる、最も意味のあることの一つとなるでしょう。あなたは、自分の内面を変化させることで、世界を変えることができるのです。

有色人の人々にとって、人種差別の習慣を捨て去ることは、不利なことが多い環境で暮らすことによって受けた傷をいやすことを意味します。それは、自分の肌の色、髪質、鼻の形、そして白人の特徴と違っているがために良くないとされてきたことすべてを、大好きになれるようにすることです。人種差別の習慣を捨て去ることは、白人の基準で自分を測ることをやめることです。これは、あなたの自信や自尊心、そして幸福感をはぐくむ上で役立つでしょう。

白人にとっては、人種差別の習慣を捨て去ることは、有色人の人々についての思い込みをどこで学んだのか、そもそもなぜそんな思い込みをしたのかを考えてみることを意味します。自分が白人であることで生

活が、有色人だった場合と比べ、どういう風に快適になっているかに気づくことも意味します。人種差別の習慣を捨てることは、どんな理由があっても、有色人の人を差別しないことでもあります。人種差別の習慣を捨てることは、白い肌に付いてくる特権（例えば、自分と同じスキルと資格を持った有色人の人よりも雇われる確率が高いことや、同じ仕事でもより多くのお給料をもらえること）をあきらめる心構えをすることです。特権をあきらめることは、特にその特権によって生活が格段に楽になっている場合、恐ろしいことに感じるかもしれませんが、皆がより公平に暮らせる世界を築くためには、重要な一歩です。

> わたし達が暮らすこのぐちゃぐちゃな世界は、意図的に作られたものです。人によって作られたものは、人によって取り壊すことができ、また皆が幸福になるような形で再建することだってできるでしょう
>
> レニ・エド＝ロッジ（作家）

考えてみよう

あなたには、人種差別を捨て去るために、どういうことができると思いますか？

あなたの意見を教えてください

あなたの人種や人種差別についての意見は、この本を読んで変わりましたか？ 肌の色が大事かどうかの意見は、変わりましたか？

● **人種について話すこと**

人種について話す時、どんな気持ちになりますか？ それはなぜでしょうか？ 人種について話したがらない人がいるのは、なぜだと思いますか？

● 人種差別に気づくこと

人種差別に気づくことは、なぜ重要なのだと思いますか？ あることが人種差別的かどうかについて意見が分かれることには、どんな原因が考えられると思いますか？ 人種差別に気づくことは、それに立ち向かう時、どう役に立つと思いますか？

● 人種差別的な組織について

学校や部活のような組織で、その一員である人が人種差別について抗議する方法がない場合、どうなるでしょうか？ 人種差別は、組織のしくみにどう影響すると思いますか？

● 人種差別的な言動をしてしまったら

もし誰かに対して人種差別的な態度をとったかもしれないと気づいた場合、どうするのが一番良いと思いますか？ どうするか考える上で、自分の気持ちより相手の気持ちについて考えることが重要なのは、なぜでしょうか？

> 歴史の授業で、先生にこう聞いたのを覚えています。「先生、なんで黒人の科学者や発明家や先駆者について話さないの？」するとその先生はわたしを見て、言ったのです。「そんな人はいないからですよ」と
>
> マロリー・ブラックマン（作家）

用語集

クィア：ゲイ（男性を恋愛の対象とする）男性、レズビアン（女性を恋愛の対象とする）女性や性同一障害の人などを含む、性的少数派の総称。

差別：特定の個人または集団のアイデンティティを理由として、待遇に差をつけること。通常は悪い待遇をすることを指す。

社会規範：社会の中で普通だとされ、違和感や怪しさを抱かれずに典型的なものとして受け入れられるアイデンティティや価値観のこと。

ステレオタイプ（固定観念）：特定のアイデンティティについての観念。実生活における事実ではなく、偏見から生じる。

制度的人種差別：ある制度（例えば政府や教育制度）のしくみそのものに組み込まれていて、社会のあり方に影響を与えている人種差別。

憎悪犯罪：人種、民族、宗教、性的指向などに対する差別の意識や憎しみの感情を原因とする犯罪のこと。

同性愛嫌悪：ゲイ男性やレズビアン女性に対する偏見。男性を愛する男性や女性を愛する女性を恐れたり、憎んだりすること。

特権：ある種の力（持っている人はそれを

当たり前のことだと思っていることが多い)。

白人至上主義：白人を人間、有色人を人間より劣ったものとして扱うしくみ。人種差別の根拠となる考え方。

ヘイトスピーチ：特定のアイデンティティを持つ人々にいやがらせをしたり恥をかかせたりすることを目的とする言葉。

偏見：特定の集団に対する、非論理的な嫌悪の感情。

民族（エスニシティ）：特定の個人または集団の文化的背景。

索引

あ行

アイデンティティ　4, 18, 35, 46-47
アフリカ　13, 17, 30, 34-35
アメリカ合衆国　7, 20
移民　12-13, 16-17, 20, 39
インド　20, 25, 27, 34-36, 39
ウィンドラッシュ世代　16
映画　10-11, 16, 32-33, 37, 43
エラムズ、イヌア (Inua Ellams)　18-19
LGBT（ゲイ、レズビアン）　28-29, 46
欧州連合（EU）　17, 20
オウス、デレク (Derek Owusu)　14-15
オバマ、バラク (Barack Obama)　7
オラニイ、ベッキー
(Becky Olaniyi)　30-31

か行

学校　11, 13-16, 21, 23-26, 28, 30, 34, 38、41, 46
髪　4, 8-9, 15, 44
カム、ウェイ・ミン
(Wei Ming Kam)　28-29
カリブ　13, 16-17
間接差別　36
クィア　28-29, 46
警察　21-22, 26-27, 42
権利　28-30, 36, 43
権力　7

さ行

サッカー　23-25, 38
殺害　21-22
差別に関する助言・サポート　6-7, 20, 36-37, 40-43
ジェンダー　34
社会　6-8, 17, 20-21, 26-27, 29, 31-32, 44
ジャサット、ネイディーン・アイシャ
(Nadine Aisha Jassat)　34-35
シュクラ、ニケシュ
(Nikesh Shukla)　10-11, 20, 40
少数派の民族（エスニック・マイノリティ）　28, 38
植民地　17, 27
人種差別主義者（レイシスト）　5-7, 12, 43
ステレオタイプ（固定観念）　26-27, 43, 46

た行

大英帝国　13, 17
第二次世界大戦　16
多様性　10, 28, 32-33
地位　7, 44
力　6-7, 9, 33, 38, 41, 44
中国人　29
直接差別　36
チョードリー、アシム
(Asim Chaudhry)　23-25
同性愛嫌悪　29, 46
トランプ、ドナルド
(Donald Trump)　7, 20
奴隷　12-13, 17

な行

ナイジェリア　19, 30-31
人形テスト　32-33, 44

は行

パキスタン　10, 20, 36
白人至上主義　12, 20, 47
白人の特権　7, 45
肌の色　4, 7-9, 12-15, 26, 32-33, 38-39, 41-42, 44-45
ハラスメント　37
犯罪　20-22, 26-27
フェミニスト　8, 30
フーチャン、クレア
(Claire Heuchan)　8-9, 40-41
不平等　8, 34, 44
文化　4, 13, 31, 34-35, 39, 44
ヘイトスピーチ　43, 47
偏見　7, 14, 29, 44, 46
報復的取扱　37
暴力　21, 25-27, 34
本　5, 20, 29, 32-33, 38-39, 42, 45

ま行

抹消　32
味方　28, 42
南アジア　10, 13
民族　20, 28, 30-31, 38-39, 46-47

ら行

ラマスワミー、チトラ
(Chitra Ramaswamy)　38-39
リンチ　12
歴史　13, 16-17, 19-22, 27, 44, 46
ローレンス、スティーブン
(Stephen Lawrence)　21-22

【著者】

ニケシュ・シュクラ　*Nikesh Shukla*
作家。2010年 *Coconut Unlimited* でデビュー。イギリスの大手新聞 The Guardian でもコラムを連載中。2016年イギリスの黒人、アジア人などの有色人の移民によるエッセイ *The Good Immigrant* はイギリスでベストセラーになった（2019年創元社より刊行予定）。*The Good Journal* という有色人の人々による雑誌と、出版業界での人種の多様性を推進するザ・グッド・リテラリー・エージェンシーの共同創立者でもある。

クレア・フーチャン　*Claire Heuchan*
作家、フェミニストのブロガー。スターリング大学でジェンダー・スタディーズを学ぶ。主催するブログ *Sister Outrider* で2016年に The Write to End Violence Against Women Awards を受賞。インターネット上で社会の不平等について議論することに力を入れている。これが初めての著作。

【訳者】

大嶋野々花　*OSHIMA Nonoka*
1990年東京生まれ。7〜11歳の時に家族に連れられて英国に渡りロンドン南部のシュタイナー学校に学ぶ。東京外国語大学英語科を卒業し、2016年慶應義塾大学大学院文学研究科修士課程修了（専攻は初期中世英文学）。2011〜12年英国マンチェスター大学留学。高校在学中に『精霊の守り人』翻訳コンテストで優勝。

企画編集　太田明日香
装丁造本　寺村隆史
イラストレーション　坂本伊久子

国際化の時代に生きるためのQ&A ⑤
どうして肌の色が問題になるの？

2018年12月10日第1版第1刷　発行

著　者　ニケシュ・シュクラ、クレア・フーチャン
訳　者　大嶋野々花
発行者　矢部敬一
発行所　株式会社 創元社
　　　　http://www.sogensha.co.jp/
　　　　本社　〒541-0047 大阪市中央区淡路町4-3-6
　　　　Tel.06-6231-9010　Fax.06-6233-3111
　　　　東京支店　〒101-0051 東京都千代田区神田神保町1-2田辺ビル
　　　　Tel.03-6811-0662
印刷所　図書印刷株式会社

© 2018, OSHIMA Nonoka, Printed in Japan
ISBN978-4-422-36008-9 C0336

〔検印廃止〕
落丁・乱丁のときはお取り替えいたします。

JCOPY　〈出版者著作権管理機構 委託出版物〉
本書の無断複写は著作権法上での例外を除き禁じられています。複写される場合は、そのつど事前に、出版者著作権管理機構（電話 03-3513-6969、FAX03-3513-6979、e-mail: info@jcopy.or.jp）の許諾を得てください。